RECETAS DEPURATIVAS

Lucie Reynier

RECETAS DEPURATIVAS

integral

Contenido

INTRODUCCIÓN

Dieta détox

ENTRE FENÓMENO DE MODA O HÁBITO SANO, MUCHOS SON LOS QUE SE PREGUNTAN SOBRE LA DIETA DÉTOX.

La mayoría de revistas, ya sea en papel o en su versión online, incluyen entre sus páginas varias dietas o productos milagro. Todas esas dietas aseguran que depuran nuestro cuerpo y, casi siempre, que nos quitan unos kilos de encima. Pero ¿qué son en realidad?

A continuación, analizaremos en qué consiste realmente la dieta détox para que así puedas descubrir todas las posibilidades que te ofrece. Pero, además, también te explicaremos cómo practicar este tipo de alimentación y, como guinda del pastel, elaboraremos varias recetas. Las recetas que incluye este libro están basadas en un plan détox de temporada.

DIETA DÉTOX: ¿QUÉ ES?

El término détox se refiere a una reacción metabólica en el seno del organismo; esta reacción se desarrolla, sobre todo, a nivel del hígado. El hígado actúa como filtro en nuestro organismo, ya que elimina las sustancias tóxicas para que no vuelvan a la circulación sanguínea y a las células. Estas toxinas pueden ser de origen alimentario (alcohol, aditivos industriales, grasas malas...), o pueden ser inducidas por la toma de medicamentos, o incluso pueden estar relacionadas con el entorno exterior (contaminación, tabaco...).

Sin embargo, si la cantidad de toxinas es excesiva, el hígado se verá sobrecargado de trabajo y no podrá realizar correctamente el filtrado. En ese caso, las toxinas se acumulan en nuestro cuerpo. Debemos ayudarlo a recuperar todas sus capacidades. ¡Y es entonces cuando interviene la dieta détox!

EL PROGRAMA

- CONSEJO -

LAS ESPECIAS DÉTOX

Cúrcuma, jengibre, guindilla, canela, clavo,
pimienta negra, nuez moscada

DIETA DÉTOX: ¿PARA QUIÉN?

Un plan détox a nivel alimentario, como los que te propone este libro, puede ser muy práctico para todo el mundo. Además, no implica ningún riesgo. Si decides combinarlo con plantas o complementos alimentarios, asegúrate de que sean compatibles con tu estado de salud.

DIETA DÉTOX: ¿CÓMO SEGUIRLA?

En este libro nos hemos centrado únicamente en planes détox a nivel de la alimentación. Los planes détox de este libro se han elaborado a partir de alimentos con propiedades diuréticas, purificantes y revitalizantes. Tanto la combinación de estos alimentos como la forma de consumirlos son aspectos a tener en cuenta.

Sin embargo, tendrás que evitar alimentos ricos en toxinas (proteínas animales, grasas animales, productos industriales) y limitar el alcohol, el café, el azúcar y la sal, ya que son alimentos que cansan a nuestro organismo.

Además, deberás consumir alimentos lo más sanos posible, ecológicos o de agricultura responsable, por ejemplo. A estos programas adaptados, se pueden añadir plantas aromáticas, bebidas y especias con virtudes reconocidas. Es fundamental seguir un estilo de vida saludable, así como también dormir bien y hacer ejercicio.

La alimentación debe ser siempre equilibrada; no debes consumir un mismo alimento en exceso (monodietas...) ni, al contrario, eliminar de tu alimentación un alimento en particular, o familias de alimentos, o incluso ayunar. Una cura détox demasiado estricta puede ser peligrosa para la salud.

DIETA DÉTOX: ¿UN REMEDIO ADELGAZANTE?

Cuidado, no confundas una cura détox con un programa adelgazante. Esta dieta consiste en comer equilibrado y evitar alimentos que generan toxinas y que, en general, son muy calóricos. Es indudable que notarás una diferencia en la báscula, pero ese no debe ser tu objetivo principal. Durante una dieta détox, el cuerpo no deja de depurar toxinas, lo que implica importantes pérdidas de agua y, por lo tanto, de peso.

DIETA DÉTOX: ¿EN QUÉ MOMENTO?

Lo ideal sería realizar planes détox cada trimestre, coincidiendo así con el cambio de estación. Con cada cambio de estación, nuestro cuerpo tiene que readaptarse a nuevos ritmos y nuevos hábitos. Es el momento perfecto para limpiar el organismo y empezar el nuevo periodo en plena forma. También se aconseja empezar un plan détox después de una etapa de excesos alimentarios como, por ejemplo, en enero, después de las fiestas navideñas o en septiembre, después de las vacaciones. No es necesario hacer más de cuatro planes détox al año, ya que eso podría alterar el funcionamiento del organismo. Por supuesto, podemos elaborar recetas détox durante todo el año.

DIETA DÉTOX: ¿CUÁNTO TIEMPO?

Esta dieta suele durar, de media, entre 1 y 10 días, según el objetivo planteado y el plan alimentario elegido. Es absurdo alargar un programa détox varias semanas, ya que bastan unos cuantos días para limpiar el organismo. Seguir una alimentación sana, equilibrada y variada será más que suficiente para no acumular toxinas en varios meses.

ALIMENTOS DÉTOX
durante todo el año

Ajo, cebolla, limón, mostaza, aguacate,
aceite de nuez, legumbres secas

Las porciones se deben adaptar a cada apetito. La idea es comer poco a poco, hasta sentirnos saciados. Si después de la comida tienes una sensación un poco pesada, tal vez signifique que has comido demasiado. Escucha a tu cuerpo y después decide qué porción necesitas. Si no sueles tener mucho apetito, puedes elegir entre el entrante o el plato principal de cada plan alimentario détox.

Si no eres capaz de seguir el programa al pie de la letra, utiliza la lista de alimentos détox de temporada para elaborar tus menús. Las recetas combinan frutas y verduras crudas, ricas en vitaminas, y dan preferencia a cocciones suaves para no alterar las cualidades nutricionales de los alimentos.

En este libro encontrarás, para cada temporada, recetas de 3 entrantes, 3 platos principales, 3 postres y una bebida détox, repartidos en tres días. La hidratación es fundamental para depurar y eliminar las toxinas. Recuerda beber agua varias veces al día; combina vasos de agua natural con aguas détox o infusiones para así reforzar la eficacia de la cura.

DIETA DÉTOX: PROGRAMAS

Los programas détox están pensados para adaptarse a cada estación. Encontrarás la explicación en cada introducción. Las frutas y verduras elegidas son de temporada y, como la naturaleza es sabia, son las más indicadas para ese momento del año. Los programas duran tres días. Si quieres, puedes alargarlos hasta 10 días, incluyendo los productos détox de temporada en todas tus comidas.

DIETA DÉTOX: ¡EMPEZAMOS!

Antes de empezar tu programa détox, asegúrate de que no tienes una comida familiar o una cena con amigos. Después haz la lista de la compra y, cuando estés en el mercado, adquiere únicamente los alimentos que haya en esa lista.

Prepara los platos unos días antes si puedes, ya que eso te ayudará a ganar un poco de tiempo en el momento de cocinar.

LAS PLANTAS
aromáticas détox

Romero, albahaca, menta, coriandro, perejil

Es **PRIMAVERA**

¿Por qué una dieta
DÉTOX EN PRIMAVERA?

CON CADA CAMBIO DE ESTACIÓN, NUESTRO CUERPO TIENE QUE READAPTARSE A NUEVOS RITMOS Y NUEVOS HÁBITOS.

Durante el invierno, nuestro cuerpo acumula muchas toxinas. Justo antes de primavera, es normal sentirse cansado, o con falta de energía o con muy poca motivación.

Este fenómeno es muy habitual, y lógico; nuestro cuerpo va a cámara lenta, como al ralentí, porque todos los órganos depurativos (hígado, riñones, intestinos...) necesitan limpiarse para funcionar mejor. Para superar todos los catarros y resfriados que hemos sufrido en invierno, nuestro cuerpo ha tenido que hacer un gran esfuerzo. Solemos movernos menos en invierno, ya que preferimos quedarnos bien calentitos en casa, cerca de la chimenea. Nuestro cuerpo está casi siempre en reposo y esta inactividad puede provocar un aumento de peso. Nuestros menús son más copiosos y consistentes en invierno, como estofados o gratinados de patata y queso, recetas que nuestra báscula no agradecerá, desde luego.

En primavera, en cambio, todo parece renacer. La naturaleza se despierta, los días se alargan y las temperaturas suben. Nos apetece volver a hacer ejercicio y deseamos recuperar nuestra vitalidad. Al igual que hacemos el cambio de armario, también debemos hacer un cambio en nuestro organismo. Así pues, aprovecha cada cambio de temporada para poner tu cuerpo a punto y empezar la temporada en plena forma.

Détox primavera

Este plan alimentario détox tiene como objetivo recuperar toda la energía y todas las vitaminas. En primavera, las frutas y verduras de temporada suelen ser verdes. Este color se debe a la clorofila que contienen.

La clorofila tiene virtudes revitalizantes y permite oxigenar y reequilibrar la acidez del organismo. Es justo lo que necesitamos en esta estación. Y es que ya se sabe: ¡la naturaleza es sabia!

LOS ALIMENTOS DÉTOX

FRUTAS	PROPIEDADES
AGUACATE	Rico en grasas buenas, que ayudan a eliminar las grasas malas acumuladas.
CEREZA – FRESA	Ricas en vitamina C y en antioxidantes, perfectas para recuperar la energía.
PERA - MANZANA	Ricas en fibras suaves que ayudan a limpiar el sistema digestivo.

VERDURAS	PROPIEDADES
ESPÁRRAGO – PEPINO	Ricos en agua y muy depurativos, para limpiar nuestro organismo.
ALCACHOFA – BORRAJA – RÁBANO – RÁBANO NEGRO	Limpian el hígado para eliminar las toxinas acumuladas.
REMOLACHA – ZANAHORIA	Ricas en betacaroteno, para lucir una piel más luminosa.
BRÓCOLI – ESPINACA – CANÓNIGOS – GUISANTE	Ricos en clorofila, para depurar el organismo.
PEREJIL – TOMATE	Ricos en vitamina C, para recuperar la energía.

PLAN ALIMENTARIO 3 DÍAS

BEBIDA DÉTOX A VOLUNTAD

(consumir en al menos 1 litro de agua al día)
Agua détox con rábano y pepino (pág. 22)

COMIDAS	DÍA 1	DÍA 2	DÍA 3
	Ayuno de 30 minutos antes del desayuno: 1 vaso de agua tibia + 1 cucharadita de zumo de limón		
DESAYUNO	Una infusión détox Tortitas de arroz integral y una compota de manzana sin azúcares añadidos	Una infusión quemagrasas Queso fresco sin sal (0% a 20%) con frutas deshidratadas (pasas, ciruelas, higos...)	Un té verde sin azúcar Un yogur con frutos secos (nueces, avellanas, almendras, anacardos...)
ALMUERZO	Tabulé de tomates cherri y albaricoques deshidratados Espárragos verdes con jengibre a la salsa de mango (pág. 30) Gelatina de frutos rojos y té verde (pág. 36)	Huevos de gallina con espárragos y guisantes (pág. 26) Arroz integral con tofu y brócoli Pastel ligero de cerezas (pág. 38)	Ensalada de canónigos y pasas Ensalada de quinoa con tofu y aguacate (pág. 26) Yogur de oveja
CENA	Sopa de alcachofas y chirivía (pág. 24) Garbanzos y espinacas asadas con aceite de oliva y cúrcuma Pera rellena de queso fresco de cabra	Zanahorias ralladas con vinagreta de comino Ensalada de lentejas coral y remolacha con queso feta (pág. 34) Fresas con queso fresco, miel y almendras laminadas	Sopa de borrajas con rábanos y patatas (pág. 28) Tortilla de guisantes Mousse de fresa y aguacate

SI NOS ENTRA EL GUSANILLO

Una infusión détox, una quemagrasas o un té verde sin azúcar
Una fruta, un puñadito de frutos secos o semillas

PRIMAVERA

BEBIDA

UNA BEBIDA FRESCA Y REVITALIZANTE
QUE SE PUEDE TOMAR SIN MODERACIÓN

Agua détox
con rábano y pepino

INGREDIENTES

PARA 1 LITRO DE BEBIDA

10 rábanos rojos • ½ pepino
El zumo de 1 limón
1 l de agua mineral o filtrada

PASO A PASO

Cortamos los rábanos y el pepino en láminas muy finas. Podemos hacerlo
con un cuchillo, un robot de cocina o una mandolina.

Echamos las láminas en una jarra o en una botella de 1 litro

Añadimos el zumo de 1 limón y después el agua. Dejamos reposar
al menos 1 hora en la nevera o, mejor aún, toda una noche.

Se aconseja consumir esta bebida durante las 24 horas
posteriores, a lo largo del día.

PREPARACIÓN   REPOSO

15 min   1 h

LA COMBINACIÓN
Pepino/limón

El pepino contiene más de un 95% de agua y estimula la circulación sanguínea y linfática. Combinado con el limón, que limpia el organismo, esta bebida nos permitirá eliminar las toxinas de una forma eficaz. Después podemos servir las láminas de rábano y pepino en una ensalada, por ejemplo, o con queso fresco, para así aprovechar al máximo sus propiedades saludables.

UNA SOPA ORIGINAL
QUE COMBINA DÉTOX Y ENERGÍA

Sopa de alcachofas
y chirivía con pesto de coriandro

INGREDIENTES

PARA 4 PERS.

5 corazones de alcachofa • 600 g de chirivía
1 pastilla de caldo de verduras • 1 cebolla • 800 ml de agua
El zumo de 1 limón • 2 cucharadas de aceite de oliva virgen extra
Unas hojas de coriandro

PASO A PASO

En una olla, hervimos 1 litro de agua junto con la pastilla de caldo. Durante ese tiempo, pelamos y cortamos la cebolla y la chirivía.

Cuando el agua empiece a hervir, añadimos la chirivía, la cebolla y los corazones de alcachofa.

Cocemos durante 20 minutos a fuego bajo y tapamos.

Apartamos del fuego y, con una batidora o un robot de cocina, trituramos las verduras hasta obtener una textura bien fina.

Añadimos el zumo de limón y volvemos a cocer a fuego bajo durante 10 minutos

Durante ese tiempo, picamos las hojas de coriandro y las mezclamos con el aceite de oliva para elaborar el pesto. Servimos esta sopa bien caliente, junto con el pesto de coriandro.

PREPARACIÓN

COCCIÓN

10 min

15 min

LA CHIRIVÍA...
Una verdura olvidada

La chirivía es una verdura muy antigua que se ha
olvidado y que no puede faltar en nuestra cesta
de la compra. Rica en vitaminas y minerales, es perfecta
para añadir un sabor distinto a la preparación.
Si no conseguimos encontrarla en el mercado, en esta
receta podemos sustituirla por una mezcla de patatas
y zanahorias.

UN ENTRANTE MUY APETECIBLE,
UN PLACER PARA LOS OJOS Y LAS PAPILAS

Huevos de gallina
con espárragos y guisantes

INGREDIENTES

PARA 4 PERS.

4 huevos • 8 espárragos verdes silvestres
5 cucharadas de guisantes frescos, congelados
o en conserva • Sal, pimienta

PASO A PASO

Precalentamos el horno a 200 °C.

En 4 recipientes individuales, repartimos
los espárragos y los guisantes.

Con mucho cuidado, rompemos 1 huevo en cada
recipiente y sazonamos con sal y pimienta.

Horneamos al baño maría durante unos 10 o 15 minutos,
hasta que la clara esté bien cocida.

Servimos enseguida.

PREPARACIÓN   COCCIÓN

20 min   30 min

LOS HUEVOS...
¡Ecológicos, sí o no?

Los huevos ecológicos son más ricos en omega 3 que los convencionales y no tienen ningún colorante añadido. Su sabor es mucho más intenso y las gallinas se crían en condiciones justas y correctas, sin organismos transgénicos y sin antibióticos.

Para sacar el máximo partido a una dieta détox siempre es preferible consumir alimentos naturales y ecológicos.

UNA CREMA MUY VERDE CON LA BORRAJA
COMO PROTAGONISTA

Sopa de borrajas
con rábanos y patatas

INGREDIENTES
PARA 4 PERS.

4 buenos puñados de borrajas • 200 g de rábanos
200 g de patata • 1 cebolla • 1 pastilla de caldo de verduras
4 cucharaditas de aceite de nuez • Vinagre blanco

PASO A PASO

En una olla, hervimos 1 litro de agua junto con la pastilla de caldo. Limpiamos bien las borrajas y las ponemos en remojo, en un bol. Echamos un chorro de vinagre blanco y dejamos reposar durante 10 minutos para desinfectarlas.

Pelamos y cortamos los rábanos, las patatas y la cebolla. Lavamos y escurrimos las borrajas.

Cuando el agua esté hirviendo, añadimos las verduras.

Tapamos y cocemos durante 20 minutos a fuego bajo.

Apartamos del fuego y, con la ayuda de un batidor o un robot de cocina, trituramos hasta conseguir una textura muy fina. Volvemos a cocer durante 10 minutos

Servimos la crema bien caliente y añadimos una cucharadita de aceite de nuez a cada bol.

PREPARACIÓN

20 min

COCCIÓN

30 min

LAS BORRAJAS...
Un recuerdo de nuestros campos

Las borrajas, una verdura que olvidamos a menudo, las podemos encontrar en los campos de todo el país. Pero cuidado, solo las podemos recoger si están en lugares no contaminados o en caminos por los que no pasen vehículos, ya que absorben muy fácilmente todo lo que está en el suelo. Y por eso es muy importante lavarlas bien, ya que a veces contienen ciertos parásitos. El aceite de nuez combina a la perfección con las borrajas y aporta una buena cantidad de omega 3, que ayuda a eliminar las grasas malas. Si no encuentras borrajas para elaborar esta receta, puedes substituirlas por canónigos o espinacas frescas.

UN PLATO PRIMAVERAL PARA LLENAR
LOS DÍAS DE SABOR Y VITAMINAS

Espárragos verdes
con jengibre a la salsa de mango

INGREDIENTES

PARA 4 PERS.

450 g de espárragos verdes • 1 diente de ajo • 1 cucharadita de jengibre molido • ½ cucharadita de azúcar integral
1 cucharada de semillas de chía • 1 cucharada de tamari • 2 cucharadas de aceite de oliva virgen
Para la salsa: 125 g de mango • 100 ml de leche de soja • 200 ml de aceite de oliva virgen
1 cucharadita de curri • Sal • 1 manojo de perejil picado

PASO A PASO

Limpiamos los espárragos y los cortamos en trozos de unos 5 cm. Los salteamos en un wok o sartén con el aceite de oliva, removiendo sin parar y a fuego vivo, junto con el ajo picado.

Cuando estén blandos, agregamos el jengibre y el azúcar, y dejamos que se hagan un minuto más.

Retiramos el wok, añadimos las semillas de chía y el tamari.

Para la salsa, echamos la leche de soja y el aceite en el vaso de la batidora y dejamos reposar hasta que se separen.

Batimos con el brazo al fondo, sin moverlo, hasta que esté casi emulsionada, y luego subimos poco a poco, sin dejar de batir.

Añadimos el mango troceado, el curri y la sal, y volvemos a batir. Al final integramos el perejil.

Servimos los espárragos a temperatura ambiente con la salsa.

PREPARACIÓN   COCCIÓN

12 min   2 min

LOS ESPÁRRAGOS VERDES...
Un tesoro en el plato

Esta hortaliza, apreciada por su suave sabor amargo y aromático, resulta digestiva gracias a su fibra, y sobre todo diurética gracias a su potasio (220 mg/100 g) y al ácido asparagínico, que estimula la función renal y le confiere propiedades depurativas.

Una ración de espárragos de 200 g aporta solo 24 calorías y más del 90% de la vitamina C que se precisa al día, el 60% del ácido fólico y cl 35% de la vitamina E.

UNA ENSALADA DE VITAMINAS
Y PROTEÍNAS PARA RECUPERAR LA ENERGÍA

Ensalada de quinoa
con tofu y aguacate

INGREDIENTES

PARA 4 PERS.

300 g de tofu • 250 g de quinoa cruda • 1 aguacate
4 tomates • 1 cebolla • Unos 20 anacardos
2 cucharadas de aceite de oliva • 1 cucharada de zumo de limón
1 cucharadita de curri • Sal y pimienta

PASO A PASO

Cocinamos la quinoa siguiendo las indicaciones del envase.

Cortamos el tofu en dados pequeños, salpimentamos y cocinamos durante unos 7 minutos en una sartén antiadherente con una cucharada de aceite de oliva.

Pelamos los tomates, la cebolla y el aguacate y después lo cortamos todo en dados pequeños.

Cuando la quinoa esté cocida, la escurrimos y la pasamos por un chorro de agua fría. Después, la vertimos en un bol.

Mezclamos la quinoa con una cucharada de aceite de oliva y una cucharada de zumo de limón.

Añadimos el tofu, los tomates, el aguacate, la cebolla y los anacardos.

Incorporamos el curri, sazonamos con sal y pimienta al gusto y removemos con cuidado. Reservamos la ensalada en la nevera o la servimos de inmediato.

PREPARACIÓN

COCCIÓN

20 min

25 min

LA QUINOA...
Un recurso muy interesante

La quinoa es un seudocereal que se ha puesto muy de moda en los
últimos años. Esta pequeña semilla es rica en vitaminas, minerales
y proteínas. Puesto que la preparación es rápida, es perfecta
para acompañar platos. No tiene un sabor muy pronunciado,
por lo que se aconseja combinarla con verduras, especias o salsas.

UNA ENSALADA VEGETARIANA MUY SABROSA
PARA UNA DÉTOX LLENA DE COLOR

Ensalada de lentejas coral
con remolacha y queso feta

INGREDIENTES

PARA 4 PERS.

250 g de lentejas coral • 200 g de remolacha cocida
120 g de queso feta • 1 cebolla roja • 2 cucharadas de aceite de oliva
2 cucharadas de zumo de limón • 1 cucharadita de comino
Unas hojas de menta fresca • Sal, pimienta

PASO A PASO

Cocemos las lentejas coral siguiendo las indicaciones del envase; es importante no cocerlas demasiado porque corremos el riesgo de hacerlas puré.

Cortamos las remolachas y el queso feta en dados pequeños y la cebolla en láminas muy finas.

Cuando las lentejas estén cocidas, las escurrimos y las pasamos por un chorro de agua fría. Después, las vertemos en un bol.

Mezclamos las lentejas con dos cucharadas de aceite de oliva y dos cucharadas de zumo de limón.

Añadimos la remolacha, la cebolla y el queso feta. Incorporamos el comino, sazonamos con sal y pimienta y removemos con cuidado.

Reservamos en la nevera o servimos de inmediato. Decoramos con unas hojas de menta.

PREPARACIÓN

COCCIÓN

20 min

15 min

EL QUESO FETA...
Un sabor inimitable

El queso feta, de origen griego, se elabora a partir de leche de oveja y, a veces, con un poco de leche de cabra. Además de realzar el sabor de nuestros platos, contiene proteínas y vitaminas muy interesantes, sobre todo vitamina B_{12}, una vitamina que solemos encontrar en la carne y el pescado. Así pues, es un ingrediente muy recomendado a vegetarianos. Puesto que es un queso muy salado y contiene la misma grasa que un queso clásico, debemos consumirlo con moderación.

UN POSTRE DE DISEÑO PERFECTO
PARA UNA DÉTOX CHIC Y DELICIOSA

Gelatina de frutos rojos
y té verde

INGREDIENTES
PARA 4 PERS.

500 g de frutos rojos frescos (o congelados)
1 sobre de té verde natural · 600 ml de agua · 4 cucharaditas de miel
3 g de agar-agar · Unas hojas de menta fresca

PASO A PASO

En un cazo, diluimos el agar-agar en agua y llevamos a ebullición durante 3 minutos

Apartamos del fuego, añadimos la miel y removemos. Después añadimos el té y unas cuantas hojas de menta al cazo y seguimos hirviendo durante 5 minutos

Durante ese tiempo, repartimos los frutos rojos en 4 recipientes o moldes individuales.

Retiramos el sobre de té y, con mucho cuidado, llenamos los moldes con el líquido.

Dejamos enfriar a temperatura ambiente y reservamos en la nevera durante un mínimo de 2 horas, hasta que la gelatina adquiera consistencia.

Una vez fría, podemos desmoldar nuestras gelatinas o servirlas directamente en los moldes.

PREPARACIÓN

15 min

REPOSO

2 h

EL AGAR-AGAR...
Para un sinfín de preparaciones

Gracias al agar-agar, podemos jugar con la presentación de nuestros platos, cambiando las formas y los tamaños de las recetas. Las posibilidades son infinitas: un globo, un cake o un pastel para toda la familia. Este postre se puede elaborar durante todo el año, variando las frutas y jugando con los colores. ¡Postres chic garantizados!

PRIMAVERA
POSTRE

LA VERSIÓN LIGERA DE UN POSTRE CLÁSICO
PARA DISFRUTAR PERO SIN CALORÍAS

Pastel ligero
de cerezas

INGREDIENTES
PARA 4 PERS.

400 g de cerezas • 4 huevos • 600 ml de leche de almendra
4 cucharaditas de fécula de maíz • 4 cucharaditas de miel
Algunas gotas de extracto de vainilla

PASO A PASO

Precalentamos el horno a 200 °C.

En un bol, batimos los huevos junto con la fécula de maíz y la miel, hasta que la mezcla quede bien homogénea.

Poco a poco vamos añadiendo la leche de almendra, sin dejar de remover para así evitar la formación de grumos.

Añadimos el extracto de vainilla y volvemos a remover.

Repartimos las cerezas en cuatro moldes para horno.

Vertemos con mucho cuidado la preparación en cada molde.

Horneamos a 200 °C durante 15 o 20 minutos, hasta que la superficie del pastel esté dorada.

Consumimos el pastel tibio o bien lo dejamos enfriar y lo reservamos en la nevera.

PREPARACIÓN   COCCIÓN

10 min   15 min

EL PASTEL DE CEREZAS...
Un postre clásico y atemporal

Con esta versión ligera, ya no tendremos que privarnos de comer un buen pastel de cerezas o clafoutis. Podemos variar las frutas, las leches vegetales (avellana, soja, avena, arroz…) o los aromas (flor de naranjo, limón, naranja…). Es preferible usar aromas naturales que provengan directamente de plantas y que no sean moléculas reproducidas químicamente.

UN POSTRE ORIGINAL PARA DESCUBRIR
SABORES Y TEXTURAS SORPRENDENTES

Mousse
de fresa y aguacate

INGREDIENTES
PARA 4 PERS.

400 g de fresas • 1 aguacate • 200 g de queso fresco
natural 20% • 4 cucharaditas de miel

PASO A PASO

Lavamos las fresas. Las escurrimos y después retiramos el rabito
y las cortamos en daditos. Cortamos el aguacate.

En un robot de cocina, trituramos las fresas junto con el queso
fresco, hasta obtener una textura homogénea.

Añadimos la miel y el aguacate y trituramos de nuevo
para obtener una crema bien fina.

Repartimos la crema en los moldes y reservamos en la nevera durante
30 minutos como mínimo antes de servirlos.

PREPARACIÓN

10 min

REPOSO

30 min

EL AGUACATE...
Un ingrediente perfecto para postres

Casi nunca incluimos el aguacate en nuestras preparaciones dulces, lo cual es una lástima porque combina muy bien con sabores afrutados y chocolate. Rico en grasas buenas, permite evitar que añadamos nata o mantequilla, grasas menos interesantes para nuestro organismo. Aunque es muy bueno para nuestra salud, el aguacate es muy calórico, por lo que debemos consumirlo en pequeñas cantidades.

Es
VERANO

¿Por qué una dieta
DÉTOX EN VERANO?

LA LLEGADA DEL VERANO ES UN CAMBIO DE ESTACIÓN QUE PUEDE TRASTORNAR NUESTRO RITMO DE VIDA.

El sol y el calor ya han llegado y las vacaciones empiezan a asomar por el horizonte. Es un momento ideal para hacer un parón, mimar nuestro cuerpo y ayudarle a liberar toxinas. Es un momento de vida social desbordante, con multitud de comidas de final de curso y barbacoas. El verano suele empezar bien cargadito de calorías. Nuestro cuerpo también almacena muchas toxinas cuando sufrimos cansancio acumulado y las comidas son menos equilibradas. Si queremos mantener nuestra silueta y lucirla en un traje de baño, es aconsejable realizar una pequeña limpieza del organismo. La dieta détox estival tiene como objetivo purificar el organismo y aligerarlo para así aprovechar al máximo el verano. Utilizaremos sobre todo las frutas y verduras de temporada por sus virtudes diuréticas. La dieta détox de verano es, sin lugar a dudas, la más sencilla, ya que el calor invita a preparar recetas frescas. Durante las comidas lo que más nos apetece es algo ligero e hidratante. Además, es muy importante consumir muchos líquidos y alimentos con altas cantidades de agua para así limpiar el organismo de forma eficaz.

En verano, nuestro nivel de energía está al máximo; los días son muy largos y eso nos incita a movernos más, lo que refuerza los efectos del programa alimentario. La actividad física ayuda a eliminar toxinas, así que debemos aprovechar los días de sol para caminar, nadar, montar en bici...

Al principio de nuestras vacaciones tenemos tiempo para organizar una dieta détox. Así podremos disfrutar más de las semanas que nos quedan por delante. Aprovecharemos también esos tres días para mimarnos y descansar. E intentaremos, en la medida de lo posible, mantener esos buenos hábitos détox durante el resto de las vacaciones. Sácale provecho al verano: ponte en forma y disfruta de las vacaciones al máximo.

Plan détox de verano

Este plan alimentario détox permite llenar las reservas de vitaminas y drenar las toxinas para así sentirnos más ligeros. En verano, las frutas y verduras de temporada son, sobre todo, alimentos con mucha agua y vitaminas.

Elige frutas y verduras naturales y ecológicas para así aprovechar al máximo todas sus propiedades.

LOS ALIMENTOS DÉTOX

FRUTAS	PROPIEDADES
SANDÍA – MELÓN	Ricas en agua, las dos frutas son perfectas para rehidratarse y drenar.
FRESA – FRAMBUESAS	Ricas en vitamina C y en antioxidantes, para recuperar toda la energía.
ALBARICOQUE – NECTARINA – MELOCOTÓN	Ricas en fibras, estas frutas nos ayudan a limpiar el sistema digestivo.
HIGOS – CIRUELAS	Ricos en flavonoides, antioxidantes y fibras insolubles, para estimular los intestinos.

VERDURAS	PROPIEDADES
APIO – CALABACÍN	Limpian el hígado para eliminar las toxinas acumuladas. Ricos en potasio, para un efecto diurético.
BERENJENA	Rica en fibra, para matar el gusanillo.
ENSALADA VERDE	Rica en clorofila, para purificar el organismo.
ALBAHACA – PEREJIL – PIMIENTO – TOMATE	Ricos en vitamina C para recuperar la energía.

PLAN ALIMENTARIO 3 DÍAS

BEBIDA DÉTOX A VOLUNTAD

(consumir en al menos 1 litro de agua al día):
Té helado de jengibre y lima **(pág. 48)**

COMIDAS	DÍA 1	DÍA 2	DÍA 3
	Ayuno de 30 minutos antes del desayuno: 1 vaso de agua tibia + 1 cucharadita de zumo de limón		
DESAYUNO	Una infusión détox 1 bol pequeño de macedonia con fruta fresca y algunos frutos secos (nueces, avellanas, almendras, anacardos...)	Una infusión quemagrasa Un batido: 1 fruta fresca (melocoton, albaricoque, higo) mezclada con 1 vasito de leche vegetal (leche de almendra, avellana, soja)	Un té verde sin azúcar 1 bol pequeño de macedonia con fruta fresca y algunos frutos secos (nueces, avellanas, almendras, anacardos...)
ALMUERZO	Ensalada de lentejas Crema clásica de calabacín **(pág. 56)** Ensalada de fresas con menta	Gazpacho de sandía y aguacate **(pág. 50)** Ensalada de higos y mozzarella **(pág. 58)** Batido de frambuesa y leche de almendra	Granizado de melón con pepino y pimientos **(pág. 54)** Brochetas de tofu con piña y tomates cherri Yogur de cabra y arándanos
CENA	Ensalada de rúcula con melón y tomates cherri **(pág. 52)** Pastel de polenta a la cúrcuma Albaricoques marinados con lima **(pág. 62)**	Alcachofas con vinagreta Calabacines y dados de tofu asados al curri Higos asados con miel y almendras **(pág. 64)**	Ensalada de pepino con salsa de yogur y albahaca Berenjenas rellenas con huevo **(pág. 60)** Sopa de melocotón con vainilla y menta **(pág. 66)**

SI NOS ENTRA EL GUSANILLO

Una infusión détox, una quemagrasas o un té verde sin azúcar
Una fruta, un puñadito de frutos secos o semillas

UNA BEBIDA SUPERFRESCA QUE PUEDE
CONSUMIRSE DURANTE TODO EL DÍA

Té helado
de jengibre y lima

INGREDIENTES

PARA 1 LITRO DE BEBIDA

1 sobre de té verde • 1 limón ecológico
1 trocito de raíz de jengibre
1 l de agua mineral o filtrada • Cubitos de hielo

PASO A PASO

En un cazo, rallamos el jengibre hasta obtener el equivalente
a una cucharadita.

Rallamos también la piel del limón. Después lo exprimimos y
lo añadimos al cazo.

Añadimos 1 litro de agua mineral y calentamos.

Cuando el agua alcance el punto de ebullición, apartamos el
cazo del fuego y dejamos infusionar un sobre de té durante
5 minutos

Dejamos reposar a temperatura ambiente y después vertemos
la bebida en una jarra o en una botella en la nevera, durante
al menos 2 horas

Podemos consumir esta bebida durante todo el día, añadiendo
cubitos de hielo si queremos que esté bien fresca.

PREPARACIÓN

15 min

REPOSO

3 h

EL JENGIBRE...
Una raíz tonificante

El jengibre se suele utilizar para mejorar la digestión y recuperar la energía. También es famoso porque refuerza el sistema inmunitario. Debemos tener siempre jengibre fresco en la nevera. Podemos añadirlo, rallado, a nuestras infusiones o a platos de verduras, ya que aportará un sabor muy curioso y original. ¡Energía y vitalidad garantizadas todo el año!

¿QUIÉN DICE QUE NO SE PUEDE
TOMAR SOPA EN VERANO?

Gazpacho
de sandía y aguacate

INGREDIENTES PARA 4 PERS.

600 g de sandía • 200 g de tomates
1 aguacate • El zumo de 1 limón • Unas hojas de menta
4 cubitos de hielo

PASO A PASO

En el vaso de un batidor, ponemos los tomates
y la sandía cortados en dados grandes.

Añadimos el zumo de limón, unas hojas de menta y 4 cubitos de hielo.
Trituramos hasta conseguir una consistencia homogénea.

Cortamos el aguacate en láminas y las disponemos encima de la preparación
justo antes de servir, junto con unas hojas de menta.

Si no vamos a consumir el gazpacho enseguida, podemos reservar la preparación
en la nevera y triturar los cubitos de hielo en el último momento.

PREPARACIÓN

10 min

REPOSO
30 min

EL FRÍO...
Un quemador de calorías muy natural

El frío permite quemar más calorías y, por lo tanto, más grasas. Nuestro cuerpo utiliza la energía de las calorías almacenadas en forma de grasa, por ejemplo, para calentarse. La palabra caloría proviene del término «calor». Así que, en verano, no dudes en tomar bebidas bien frescas, sobre todo en la playa.

UNA ENSALADA COLORIDA
PARA UNA DÉTOX ESPLÉNDIDA

Ensalada de rúcula con melón
y tomates cherri

INGREDIENTES
PARA 4 PERS.

4 puñados de rúcula • 1 melón • Unos 15 tomates cherri
½ cebolla roja • 2 cucharadas de aceite de oliva • 2 cucharadas de zumo
de limón • 1 cucharada de salsa de soja

PASO A PASO

Lavamos la rúcula y la escurrimos.

Cortamos los tomates cherri por la mitad
y la cebolla en láminas finas.

Pelamos el melón y lo cortamos en daditos. También podemos
hacer bolitas con una cuchara especial.

En un bol, mezclamos el aceite de oliva, la salsa
de soja y el zumo de limón.

Añadimos la ensalada en el bol y después los
tomates, la cebolla y el melón.

Reservamos en la nevera y removemos antes de servir.

PREPARACIÓN

15 min

LA SALSA DE SOJA...
Una salsa para tener siempre a mano

La salsa de soja tiene muchísimas ventajas. Es poco calórica, muy digestiva, refuerza el sistema digestivo y protege los vasos sanguíneos. Tiene un sabor salado y asiático, perfecto para sazonar nuestras recetas. Podemos utilizar esta salsa en verduras, pasta, arroz… ¡las posibilidades son infinitas! Pero cuidado con comprar la versión azucarada, porque es mucho más rica en calorías.

UNA VERSIÓN EXPRÉS DEL GRANIZADO
CON POCAS CALORÍAS Y MUY REFRESCANTE

Granizado de melón
con pepino y pimientos

INGREDIENTES
PARA 4 PERS.

½ pepino • 1 melón • 1 pimiento
Sal, pimienta • 1 cucharada
de zumo de limón

PASO A PASO

El día antes, o 2 horas antes como mínimo, cortamos el pepino en daditos y los reservamos en el congelador. Conservamos el melón y el pimiento en la nevera.

Justo antes de consumir el granizado, sacamos el pepino del congelador y lo echamos en el vaso de un batidor.

Cortamos el melón en dados pequeños. Hacemos lo mismo con el pimiento.

Añadimos los dados de melón y pimiento al vaso e incorporamos el zumo de limón y la albahaca. Trituramos hasta obtener una textura de granizado.

Repartimos el granizado en moldes individuales. Podemos conservar unos daditos de pepino y pimiento crudos para la decoración.

Consumir de inmediato o reservar durante unos minutos en la nevera.

PREPARACIÓN

REPOSO

15 min

1 h

EL LIMÓN...
Un conservante 100% natural

El limón contiene ácido cítrico, un gran antioxidante natural que la industria agroalimentaria suele utilizar en forma sintética. Su acidez impide que los alimentos se oxiden y, por lo tanto, se deterioren. El limón natural es perfecto para preparaciones a base de frutas y verduras crudas, ya que evitará que se ennegrezcan y además ayudará a conservar sus propiedades.

UN PLATO RICO EN SABOR
PARA UNA DÉTOX SUAVE

Crema clásica
de calabacín

INGREDIENTES
PARA 4 PERS.

1 kg de calabacines · 1 cebolla
2 patatas · 4 rebanadas de pan seco
Aceite de oliva · Sal y pimienta

PASO A PASO

Troceamos los calabacines, la cebolla y las patatas y los reservamos. Calentamos una olla con agua. Mientras tanto, añadimos dos cucharadas de aceite en una cazuela y salteamos la cebolla troceada durante unos 3 o 4 minutos. Luego añadimos la patata y el calabacín. Vertemos el agua que hemos calentado hasta que cubra y cocemos unos 20 minutos.

Una vez que las verduras estén hervidas, apagamos el fuego y las trituramos bien. Salpimentamos.

Cuando sirvamos la crema en el plato, añadimos por encima una cucharada de aceite de oliva virgen crudo para darle más sabor y decorar el plato.

Antes de servir, repartimos por encima algunos picatostes.

PREPARACIÓN

COCCIÓN

20 min

20 min

¡NO PELES EL CALABACÍN!...
Aprovecha todos sus nutrientes

Esta hortaliza sorprende agradablemente al paladar si se prepara con hierbas aromáticas, se adereza con un buen aliño o se utiliza para elaborar cremas y sopas. Es fácil de digerir, ligero y aporta betacarotenos, ácido fólico y vitamina C. La mayoría de los nutrientes se encuentran en su piel suave y comestible, por lo que no conviene pelarlo. Se puede condimentar con comino, cúrcuma o curri y acompañarlo con arroz, cuscús o cereales hervidos. Entre las hierbas aromáticas, casa muy bien con la menta y la albahaca, el cebollino, el estragón, el eneldo y el perejil.

PLATO

PARA DISFRUTAR DE UNA FRUTA
GENUINA DEL MEDITERRÁNEO

Ensalada
de higos y mozzarella

INGREDIENTES
PARA 4 PERS.

12 higos frescos • 1 lechuga hoja de roble • 4 rodajas muy finas de remolacha cocida
Para la vinagreta: • 4 cucharadas de aceite de girasol • 1 limón
½ diente de ajo • 2 mozzarellas • Sal y pimienta

PASO A PASO

Cortamos el ajo muy fino y lo disponemos en un bol hondo junto con el aceite, una pizca de sal y de pimienta. Hacemos un zumo con el limón, lo filtramos y lo añadimos a la maceración.

Introducimos las dos bolas de mozzarella en el recipiente y las cubrimos con film transparente. Las dejamos macerar en el refrigerador, dándoles la vuelta de vez en cuando.

Retiramos el extremo de los higos y los cortamos en cuartos. Cortamos también la remolacha en tiras estrechas.

Retiramos las mozzarellas de su maceración y, con ayuda de una cucharilla, formamos bolitas pequeñas.

Disponemos la lechuga, cortadita bien pequeña, en cuatro platos de servicio y añadimos los higos, las bolitas de mozzarella y la remolacha esparcida por encima.

Aliñamos la ensalada con el jugo de la maceración.

PREPARACIÓN

10 min

LOS HIGOS...
Un milagro de la naturaleza

Recién recogidos del árbol, los higos constituyen uno de los manjares más exquisitos del final del verano, sean verdes o negros. Quienes precisen calcio harán bien en comerlos, pues es la fruta que lo posee en mayor cantidad. Gracias a su fibra, alivian el estreñimiento y alimentan la flora intestinal. Los frescos resultan más jugosos, ligeros y aromáticos, y apropiados por tanto para consumir tal cual, ya sea en salado o para postres. Los secos son más nutritivos y dulces; resultan deliciosos tras cocciones largas, con aderezos más intensos y en recetas de repostería más elaboradas.

UN PLATO ORIGINAL Y MUY FÁCIL DE ELABORAR
QUE DESLUMBRARÁ A TODO EL MUNDO

Berenjenas rellenas
con huevo

INGREDIENTES

PARA 4 PERS.

2 berenjenas grandes • 4 huevos • 1 cebolla
1 diente de ajo • 2 cucharadas de concentrado de tomate
Una pizca de cúrcuma

PASO A PASO

Cortamos las berenjenas por la mitad y las cocemos al vapor durante 15 minutos (o al microondas, en un recipiente adaptado, durante 10 minutos).

Precalentamos el horno a 200 °C.

Mientras las berenjenas se hacen, comenzamos a elaborar el relleno. Picamos el ajo y la cebolla y los mezclamos con el concentrado de tomate en un bol.

Cuando las berenjenas estén hechas, retiramos la carne con una cuchara, tratando de mantener la piel intacta. Luego añadimos la carne de berenjena a la mezcla anterior.

Sazonamos con sal y pimienta al gusto, añadimos la cúrcuma y mezclamos bien el relleno.

Rellenamos las berenjenas con el relleno y hacemos un pequeño agujero en el centro. Echamos un huevo en cada agujero.

Horneamos a 200 °C durante unos 10 minutos, hasta que el huevo esté bien hecho.

Servimos enseguida. Podemos acompañar la receta con un plato de ensalada o arroz integral, por ejemplo.

PREPARACIÓN   COCCIÓN

15 min   25 min

UNA VARIANTE DE ESTA RECETA...
Pimiento relleno de calabacín y huevo

La receta es la misma, solo que utilizamos pimientos cocidos y los rellenamos con una mezcla de calabacín rallado, cebolla, ajo y concentrado de tomate. ¡No esperes más para probarlos!

UN POSTRE CON UN DISEÑO PERFECTO
PARA UNA DÉTOX CHIC Y DELICIOSA

Albaricoques
marinados con lima

INGREDIENTES

PARA 4 PERS.

12 albaricoques bien maduros • 2 limas
1 cucharada de piñones • 400 ml de agua • 4 cucharaditas de miel
Unas hojas de menta fresca

PASO A PASO

Cortamos los albaricoques por la mitad y retiramos el hueso. Los disponemos sobre
una bandeja resistente al calor, boca abajo y espolvoreamos con los piñones.

Pelamos las limas y exprimimos el zumo. Echamos todo en un cazo
con agua y llevamos a ebullición durante 2 minutos.

Apartamos del fuego, añadimos la miel y las hojas de menta y removemos.

Vertemos el líquido sobre los albaricoques y dejamos enfriar a temperatura ambiente.

Cuando la bandeja se haya enfriado, la reservamos en la nevera durante
al menos 1 hora antes de servir nuestros albaricoques en vasitos.

PREPARACIÓN   REPOSO

15 min   1 h 30 min

LAS FRUTAS MARINADAS
Para postres détox muy apetecibles

Gracias a los marinados de frutas, podremos crear postres ricos en sabor y bajos en calorías. El limón «cuece» un poco las frutas, de forma que se vuelven más digestivas. La miel es un endulzante más potente que el azúcar, así que bastará con una pequeña cantidad para realzar el sabor dulce de las frutas. Podemos variar las frutas y añadir frutos secos (nueces, avellanas, almendras, pistachos) o aromas naturales (vainilla, flor de naranjo...). Así el postre será más apetecible y tendrá más vitaminas.

UN POSTRE EXPRÉS, PARA ACABAR LA COMIDA
CON UN TOQUE DULCE Y CRUJIENTE

Higos asados
con miel y almendras

INGREDIENTES

PARA 4 PERS.

12 higos • 4 cucharaditas de miel
2 cucharadas de almendras laminadas
Unas gotas de extracto de vainilla

PASO A PASO

Precalentamos el horno a 220 °C.

Cortamos los higos en cuartos, pero sin llegar a la base de la fruta.

Los disponemos sobre una bandeja para horno.

Repartimos la miel por cada higo y después espolvoreamos con almendras.

Horneamos a 220 °C durante 10 minutos, hasta que los higos estén bien asados.

Servimos esta receta caliente, tibia o fría y recuperamos el jugo de la cocción.

PREPARACIÓN COCCIÓN

10 min 10 min

LA COCCIÓN AL HORNO...
Sana y práctica

Cocer los alimentos al horno nos permite evitar la grasa que utilizamos, por ejemplo, en una sartén. La cocción es más suave, de forma que los sabores y los nutrientes se conservan mejor. Además, evita la formación de moléculas que pueden ser nocivas a temperaturas muy altas. Así pues, no dudes en utilizar el horno. Es muy práctico porque mientras la receta está en el horno podemos aprovechar para hacer otras cosas. Y recuerda que podemos cocer varios platos al mismo tiempo para evitar tener que calentar el horno varias veces.

UNA FORMA ORIGINAL DE REALZAR EL SABOR DEL MELOCOTÓN
Y UNA SOPA FRESCA MUY RÁPIDA DE ELABORAR

Sopa de melocotón
con vainilla y menta

INGREDIENTES
PARA 4 PERS.

4 melocotones blancos bien maduros • 600 ml de agua
1 vaina de vainilla o algunas gotas de extracto de vainilla
4 cucharaditas de miel • Unas hojas de menta

PASO A PASO

Pelamos los melocotones y los cortamos en cuartos.

En un cazo, llevamos el agua a ebullición
y añadimos los melocotones, la vainilla y la miel.

Hervimos a fuego bajo durante 5 minutos

Apartamos del fuego e incorporamos las hojas de menta.

Dejamos enfriar a temperatura ambiente.

Repartimos la preparación en los distintos vasitos y reservamos
en la nevera durante al menos 1 hora antes de servir.

PREPARACIÓN	REPOSO
10 min	1 h

LA VAINILLA...
Una flor ancestral y virtuosa

La vainilla es una flor de la familia de las orquídeas que ya se utilizaba en la época de los mayas y los aztecas, igual que el cacao. Tiene propiedades digestivas, relajantes y antiedad, gracias a las sustancias que contiene. La vaina de vainilla, cuyo perfume es embriagador, contiene un poco de azúcar, lo que permite limitarlo en las preparaciones dulces. Sin embargo, desconfía de ciertos extractos de vainilla, que se fabrican industrialmente y, a veces, contienen mucho azúcar.

Es
OTOÑO

¿Por qué una dieta
DÉTOX EN OTOÑO?

EL OTOÑO ES UNA ÉPOCA DE TRANSICIÓN. DEJAMOS ATRÁS EL CALOR DEL VERANO Y NOS PREPARAMOS PARA AFRONTAR LOS DÍAS FRÍOS DE INVIERNO.

Los días cada vez son más cortos, nos sentimos cansados y con menos energía. Así pues, para afrontar un invierno en plena forma, se aconseja seguir una pequeña dieta détox.

El verano y las vacaciones nos han hecho acumular toxinas y la llegada del frío ralentiza nuestro metabolismo. El estrés de la vuelta al cole también es inevitable y nuestro cuerpo debe adaptarse al cambio de ritmo. Así que, para remediar todo eso, una opción es empezar una dieta muy estricta. Volver al trabajo ya es de por sí difícil, por lo que nuestro cuerpo necesita centrarse y recuperar la energía.

Prepararemos recetas revitalizantes para esta dieta détox. También deberemos retomar una actividad física regular. Aprovecha este momento para apuntarte a un gimnasio, por ejemplo. La actividad física es fundamental para eliminar toxinas. Durante el plan détox, oblígate a moverte al menos 30 minutos cada día para reforzar los efectos. El otoño suele ser el momento en que ponemos en orden nuestra casa, hacemos el cambio de armario o limpiamos la casa a fondo. Todas las ocasiones son buenas para moverse un poco. Los últimos días de sol también son muy agradables para dar paseos por el bosque, o por la playa.

Podemos empezar esta dieta détox justo después de las vacaciones, para acostumbrarnos a unos buenos hábitos. También podemos hacerla cuando cambia la hora, si creemos que la soportaremos mejor. Sea como sea, saborea esta temporada con recetas détox deliciosas.

Los alimentos détox

Este plan alimentario détox incluye alimentos ricos en vitaminas y con un efecto diurético muy interesante para eliminar toxinas. En otoño, los mercados están llenos de verduras nuevas de temporada. Son verduras que se cuecen a fuego lento o se cocinan en sopa.

Como todavía hace buen tiempo y sol, podremos seguir disfrutando de ensaladas. Nuestro cuerpo empieza a reclamarnos recetas calientes y revitalizantes, para recibir el invierno con serenidad.

LOS ALIMENTOS DÉTOX

FRUTAS	PROPIEDADES
KIWI – MANZANA	Ricos en vitamina C y antioxidantes, para recuperar toda la energía, y en fibras, para facilitar el tránsito intestinal.
PLÁTANO – PERA	Ricos en fibras suaves que ayudan a limpiar el sistema digestivo.
CIRUELAS – UVAS	Ricas en flavonoides, antioxidantes y fibras insolubles, para estimular los intestinos.

VERDURAS	PROPIEDADES
COLIFLOR – COL BLANCA O ROJA – ENDIVIA	Ricas en potasio, para un efecto diurético.
BRÓCOLI – CHAMPIÑÓN – NABO	Muy ricos en vitaminas y minerales.
HINOJO	Facilita la digestión.
ESPINACAS – CANÓNIGOS – ENSALADA VERDE	Ricos en clorofila, para purificar el organismo.

PLAN ALIMENTARIO

3 DÍAS

BEBIDA DÉTOX A VOLUNTAD

(consumir en al menos 1 litro de agua al día):
Agua détox con kiwi, limón y verbena **(pág. 64)**

COMIDAS	DÍA 1	DÍA 2	DÍA 3
	Ayuno de 30 minutos antes del desayuno: 1 vaso de agua tibia + 1 cucharadita de zumo de limón		
DESAYUNO	Una infusión détox Un batido: 1 fruta fresca (pera, plátano, ciruela deshuesada) mezclada con 1 vasito de leche vegetal (leche de almendra, avellana, soja)	Una infusión quemagrasas Un yogur con un puñadito de frutos secos (nueces, avellanas, almendras, anacardos)	Un té verde sin azúcar Queso fresco con una fruta cortada en dados (manzana, pera, plátano, kiwi)
ALMUERZO	Ensalada de guisantes y champiñones con salsa de yogur y limón. Calabacines con arroz al aroma de curri **(pág. 86)** Plátano al horno con 4 especias	Zanahorias ralladas con salsa de limón, aceite de nuez y comino Estofado de guisantes con alcachofas y puerros **(pág. 82)** Sopa de manzana con 4 especias **(pág. 90)**	Coleslaw con dos coles y nueces pecanas **(pág. 78)** Endivias con tofu ahumado y crema de soja Tortitas de kiwi y jengibre **(pág. 92)**
CENA	Sopa de coliflor con avellanas y cúrcuma **(pág. 76)** Dúo de bulgur y lentejas con cebolla Tajín de pera con frutos secos y especias **(pág. 88)**	Crema de brócoli y coliflor con tomillo **(pág. 106)** Salteado de rábanos y patatas con tempeh y curri Batido de kiwi y pera con leche de avellana	Ensalada de canónigos con pasas y nueces Quiche ligera de champiñones **(pág. 84)** Yogur de oveja y ciruelas

SI NOS ENTRA EL GUSANILLO

Una infusión détox, quemagrasas o un té verde sin azúcar
Una fruta, un puñadito de frutos secos u oleaginosos

BEBIDA

UNA BEBIDA ORIGINAL
PARA TODO EL DÍA

Agua détox
con kiwi, limón y verbena

INGREDIENTES

PARA 1 LITRO DE BEBIDA

1 kiwi • 1 limón ecológico
Unas hojas frescas de verbena
o 1 sobre de infusión • 1 l de agua mineral o filtrada

PASO A PASO

En un cazo, llevamos el agua a ebullición.

Apartamos del fuego e infusionamos la verbena durante 10 minutos.

Enfriamos a temperatura ambiente durante 30 minutos.

Cuando la infusión se haya enfriado, pelamos el kiwi y lo cortamos
en rodajas. Lavamos el limón y lo cortamos en rodajas.

Echamos las rodajas de fruta en una jarra o una botella de 1 litro.

Añadimos la infusión de verbena. Dejamos reposar al
menos 90 minutos en la nevera o, mejor aún, toda la noche.

Se aconseja consumir esta bebida al día siguiente, a lo largo del día.

PREPARACIÓN   REPOSO

15 min   2 h

LA VERBENA...
Un frescor ácido y saludable

La verbena posee virtudes digestivas muy interesantes. Podemos consumirla directamente en infusión, junto con unas gotas de zumo de limón después de las comidas o antes de acostarnos. La verbena es una planta aromática que se cultiva fácilmente, así que podemos plantarla en un macetero o en nuestro jardín.

ENTRANTE

UNA SOPA ORIGINAL MUY UNTUOSA
Y CRUJIENTE QUE ENCANTARÁ A TODO EL MUNDO

Sopa de coliflor
con avellanas y cúrcuma

INGREDIENTES

PARA 4 PERS.

1 coliflor • 2 patatas
1 pastilla de caldo de verduras • 1 cebolla • 800 ml de agua
Unas 20 avellanas • 2 cucharaditas de cúrcuma

PASO A PASO

En una olla, hervimos 800 mililitros de agua, junto con la pastilla de caldo. Mientras tanto, cortamos la coliflor.

Pelamos y cortamos la cebolla en láminas muy finas y las patatas en dados grandes. Cuando el agua empiece a hervir, añadimos las verduras.

Cocemos durante 20 minutos, con la olla tapada.

Apartamos del fuego y trituramos con una batidora o un robot de cocina, hasta conseguir una textura bien fina.

Añadimos la cúrcuma y volvemos a poner al fuego durante 10 minutos. Durante ese tiempo, picamos las avellanas y reservamos.

Servimos la sopa bien caliente y la espolvoreamos con las avellanas.

PREPARACIÓN

COCCIÓN

20 min

30 min

LA SOPA...
Tu aliado saludable

Consumir sopa de forma regular nos permite rehidratarnos y obtener todas las vitaminas que necesitamos. Las sopas se pueden elaborar con muy pocas calorías y, además, sacian muchísimo. Un dato interesante para los que vigilan la línea. Durante las estaciones más frías, una buena sopa nos permitirá entrar en calor y consumir aún más verduras. También podemos probar versiones frías para el verano, pero para refrescarnos. Sea cual sea el caso, la diversidad de verduras y combinaciones permite elaborar un sinfín de recetas.

UNA ENSALADA LLENA DE VIDA Y DE COLOR
PARA AFRONTAR EL OTOÑO CON UNA SONRISA

Coleslaw
con dos coles y nueces pecanas

INGREDIENTES

PARA 4 PERS.

½ col roja • ½ col blanca
Unas 15 nueces pecanas • 2 yogures naturales
2 cucharadas de aceite de nuez • 2 cucharadas de zumo de limón

PASO A PASO

En un bol, mezclamos los yogures, el aceite
de nuez y el zumo de limón.

Rallamos, o trituramos con un robot de cocina adaptado,
las dos coles y las añadimos al bol.

Si queremos, podemos tostar las nueces en una sartén, sin aceite
ni mantequilla, durante unos minutos para que el sabor sea más pronunciado.

Añadimos las pecanas a la ensalada.

Mezclamos con la salsa justo antes de servir.

PREPARACIÓN

20 min

LAS NUECES PECANAS...
Energéticas pero con un Gran valor nutricional

Las nueces pecanas son muy calóricas, por lo que hay que consumirlas en pequeñas cantidades. Por suerte, su densidad nutricional es muy rica, y no hace falta comer muchas para beneficiarse de sus propiedades. Compuestas por un 75% de grasas buenas que combaten el colesterol, también son ricas en proteínas, magnesio, potasio y vitaminas. Así pues, las nueces pecanas son perfectas para añadirlas a un plan détox revitalizante.

UNA CREMA MUY SUAVE Y UNTUOSA
PARA UNA DÉTOX REVITALIZANTE

Crema de brócoli
con almendra y coriandro

INGREDIENTES
PARA 4 PERS.

600 g de brócoli • 600 ml de leche de almendra
1 cebolla • 1 pastilla de caldo de verduras
1 cucharada de aceite de oliva • Un poco de coriandro • Pimienta

PASO A PASO

Cortamos los floretes del brócoli y después pelamos la cebolla y la cortamos en láminas.

En una olla, salteamos el brócoli y la cebolla con una cucharada de aceite de oliva durante unos 5 minutos. Añadimos la leche de almendra y después la pastilla de caldo y dejamos que se cueza a fuego bajo durante 15 minutos.

Apartamos del fuego y a continuación reservamos algún florete para decorar el plato.

Trituramos la preparación con una batidora o con un robot de cocina, hasta conseguir una textura bien fina. Añadimos el coriandro y los floretes de brócoli que habíamos reservado y calentamos de nuevo durante 10 minutos.

Sazonamos con pimienta y servimos bien caliente.

PREPARACIÓN   COCCIÓN

20 min   30 min

LA LECHE DE ALMENDRA...
Dulzor en estado puro

La leche de almendra es un ingrediente que no puede faltar en nuestra despensa porque es muy interesante a nivel nutricional. Rica en vitaminas, minerales, poco calórica y sin colesterol, también es fácil de digerir y protege nuestros intestinos. Tiene un sabor a frutos secos muy agradable y la podemos utilizar como la leche de vaca en todas nuestras preparaciones. Pero cuidado: debemos fijarnos en la cantidad de azúcar que contiene, ya que a menudo es excesiva. Podemos elaborarla en casa a partir de almendras enteras.

UN PLATO LLENO DE VITAMINAS
PARA DEPURAR EL CUERPO DE FORMA FÁCIL

Estofado de guisantes
con alcachofas y puerros

INGREDIENTES
PARA 4 PERS.

4 alcachofas • 1 cebolleta • 4 ajetes • 2 puerros • 3 cucharadas de aceite de oliva
250 g de guisantes • 12 tomates cherri • 1 hoja de laurel • El zumo de ½ limón
1 vasito de vino blanco • 1 rama de romero • Sal y pimienta

PASO A PASO

Retiramos los tallos, las hojas exteriores y las puntas más duras de las alcachofas. Las cortamos por la mitad, eliminamos la pelusilla central y las partimos en octavos.

Mezclamos el zumo de limón con un poco de agua y sumergimos en ella las alcachofas para que no se oxiden.

Lavamos y secamos el laurel, el romero y los tomatitos.

Retiramos las raíces, primeras capas y partes verdes de los puerros, la cebolleta y los ajetes. Cortamos los primeros en rodajas y picamos finos los otros dos. Los rehogamos 5 minutos en una cazuela con aceite.

Incorporamos las alcachofas escurridas y cocinamos durante 10 minutos.

Agregamos los guisantes, los tomates, la mitad del romero picado y el laurel. Vertemos el vino y salpimentamos. Tapamos la cazuela y proseguimos la cocción 10 minutos. Añadimos unas cucharadas de agua si es necesario, para que el estofado no quede seco.

Repartimos en 4 platos y decoramos con el resto del romero antes de servirlos.

PREPARACIÓN   COCCIÓN

15 min   25 min

ALCACHOFAS...
¡Tu aliada détox!

Esta hortaliza mediterránea aporta fósforo, potasio y vitaminas C y B_1, así como diversas sustancias beneficiosas para el hígado y el corazón. Una de ellas es la cinarina, un compuesto amargo que contribuye a regular el colesterol, favorece la regeneración de las células hepáticas y estimula la secreción de bilis, lo que ayuda al hígado a metabolizar grasas y proteínas y atenúa el daño provocado por sustancias como el alcohol. Otra es la inulina, una fibra prebiótica que además regula el azúcar sanguíneo.

¿POR QUÉ NO DARSE EL CAPRICHO
DE UNA BUENA QUICHE DÉTOX?

Quiche ligera
de champiñones

INGREDIENTES PARA 6 PERS.

Masa: 200 g de harina semiintegral • 40 g de aceite de oliva • Agua
Relleno: 800 g de champiñones frescos • 3 huevos • 300 g de queso fresco
1 cebolla • 1 cucharada de aceite de oliva • Sal, pimienta

PASO A PASO

Precalentamos el horno a 180 °C. Empezamos preparando la masa. En un bol, mezclamos la harina, el aceite de oliva y una pizca de sal.

Vamos añadiendo el agua poco a poco. Mezclamos con un tenedor, hasta que la masa empiece a espesarse.

Acabamos amasando con las manos hasta formar una bola. Reservamos la masa en la nevera.

Pelamos y picamos la cebolla. Lavamos los champiñones y los cortamos en láminas. Los salteamos con un poco de aceite, sal, pimienta y hierbas provenzales durante unos 15 minutos a fuego medio.

Extendemos la masa con la ayuda de un rodillo sobre una hoja de papel sulfurizado y la disponemos en un molde para tartas.

Repartimos los champiñones por encima.

En un bol, batimos los huevos y el queso fresco con un tenedor. Sazonamos con sal y pimienta.

Vertemos la crema sobre los champiñones y la repartimos bien.

Horneamos la quiche unos 40 minutos a 180 °C.

Servimos la quiche bien caliente y acompañada de una ensalada, por ejemplo.

PREPARACIÓN

20 min

COCCIÓN

15 min

LA QUICHE...
Un sinfín de combinaciones

Podemos variar esta receta simplemente cambiando las verduras. Gracias al queso fresco, la quiche será ligera y digestiva. Podemos preparar la masa en casa y así evitar las cantidades de grasa y múltiples aditivos que contienen las masas de supermercado. Con un poco de práctica, las podremos hacer en pocos minutos. Una masa casera siempre será más sabrosa y saludable que una precocinada.

UNA RECETA DÉTOX
CON SABORES ASIÁTICOS

Calabacines con arroz
al aroma de curri

INGREDIENTES PARA 4 PERS.

4 calabacines de bola • 1 calabacín pequeño • 200 g de arroz • 1 puerro • 1 cebolla mediana •
100 g de guisantes • 1 zanahoria • 1,5 l de caldo de verduras
50 g de queso parmesano rallado • 2 cucharaditas de curri en polvo
2 cucharadas de aceite de oliva • Sal y pimienta

PASO A PASO

Cortamos un tercio de la parte superior de los calabacines de bola, sacamos las semillas y untamos el interior con aceite. Los colocamos con sus tapas en una bandeja con un poco de agua y los cocemos en el horno precalentado a 180 ℃ durante 20 minutos.

En una sartén sofreímos a fuego lento el puerro picado. Cuando transparente añadimos los guisantes, el calabacín y la zanahoria cortados a daditos. Salpimentamos ligeramente, mezclamos 1 cucharadita de curri y dejamos cocer lentamente hasta que las verduras estén tiernas. Echamos un poco de caldo si es necesario.

Dentro de una cazuela de fondo grueso sofreímos la cebolla picada. Cuando esté transparente, añadimos el arroz y vamos añadiendo cucharones de caldo caliente a medida que el arroz lo vaya absorbiendo. Dejamos cocer suavemente y removemos a menudo hasta que el arroz esté en su punto (aproximadamente unos 20 minutos).

Mezclamos el arroz, la otra cucharadita de curri, el queso y las verduras. Rellenamos los calabacines de bola y los horneamos tapados unos 5 minutos.

PREPARACIÓN   COCCIÓN

20 min   45 min

EL ARROZ...
Cómo prepararlo para que sea más détox

El arroz es un cereal sin gluten, muy poco inflamatorio, esencial en las cocinas asiática y mediterránea. Para que sea todavía más sano puedes prepararlo de manera que elimines casi todo el arsénico que puede contener (sobre todo en las variedades que proceden de Asia). Lávalo bien antes de cocerlo, hasta que salga el agua clara. Luego cuécelo en cinco partes de agua por cada una de cereal.

UN POSTRE CON UN DISEÑO PERFECTO,
PARA UN DÉTOX CHIC Y DELICIOSO

Tajín de pera
con frutos secos y especias

INGREDIENTES

PARA 4 PERS.

4 peras • 8 ciruelas • 500 ml de agua
2 cucharadas de almendras enteras • 2 cucharadas de piñones
1 cucharada de miel • 1 rama de canela o ½ cucharadita
de canela en polvo • 1 vaina de vainilla o ½ cucharadita
de extracto de vainilla líquida

PASO A PASO

En un cazo o en una olla, llevamos el agua a ebullición
junto con la canela, la vainilla y la miel.

Pelamos las peras, retiramos el corazón y las pepitas y las cortamos
por la mitad. Después las añadimos al agua, junto con las ciruelas.

Tapamos la olla y cocemos a fuego bajo durante 10 minutos.

Añadimos las almendras y los piñones y dejamos que
se enfríen (sin destapar la olla) antes de servir.

PREPARACIÓN

COCCIÓN

10 min

15 min

FRUTOS SECOS Y SEMILLAS EN REMOJO
Un hábito saludable

Cuando están secos, los frutos secos y las semillas contienen una sustancia que los hace más indigestos. El hecho de ponerlos en remojo despierta su germinación y esta sustancia se reduce. La cantidad de vitaminas también aumenta, igual que el poder de absorción de los minerales. En esta receta, podemos poner en remojo tanto las almendras como los piñones durante la noche anterior.

UNA RECETA PARA DISFRUTAR
DE UNA BUENA SOPA DISFRAZADA DE POSTRE

Sopa de manzana
con 4 especias

INGREDIENTES PARA 4 PERS.

5 manzanas • 400 ml de agua
½ cucharadita de cuatro especias
4 cucharaditas de miel

PASO A PASO

En una olla, llevamos el agua a ebullición junto con la miel.

Pelamos las manzanas, retiramos el corazón y las pepitas. Reservamos una
manzana y cortamos el resto en dados.

Añadimos los dados de manzana en el agua, junto con las especias. Tapamos
y cocemos a fuego bajo durante 15 minutos.

Durante ese tiempo, rallamos la manzana restante y reservamos.

Apartamos del fuego, trituramos la sopa y la conservamos caliente antes de servir.

Repartimos la manzana rallada en el bol para obtener un efecto crujiente.

PREPARACIÓN   COCCIÓN

10 min   15 min

LAS 4 ESPECIAS...
Origen y uso

Las 4 especias son, en realidad, el nombre
de una sola especia que Cristóbal Colón trajo
de América: la pimienta de Jamaica. Esta especia
tiene sabores de cinco especias distintas:
pimienta, jengibre, canela, nuez moscada
y clavo. Sus virtudes détox son más que
conocidas. Es una mezcla que suele utilizarse
para aromatizar platos y postres.
Esta combinación nos permitirá dar sabor
a nuestras comidas y hacerlas más digestivas.
Podemos añadirlas a nuestros pasteles,
flanes, masas de tarta y platos de legumbres
o verduras.

· OTOÑO ·

POSTRE

UNA RECETA ORIGINAL QUE DISFRUTARÁN TANTO PEQUEÑOS
COMO MAYORES, Y CON MUCHAS VITAMINAS

Tortitas de kiwi
y jengibre

INGREDIENTES
PARA 4 PERS.

4 kiwis • 2 yogures naturales • 2 huevos • 100 g de harina blanca o semiintegral
4 cucharaditas de sirope de agave (o azúcar) • ½ sobre de levadura química
½ cucharadita de jengibre rallado o en polvo
Aceite de girasol o de oliva para la cocción

PASO A PASO

En un bol, mezclamos los yogures junto con los huevos, hasta conseguir una textura bien fina.

Mezclamos la harina junto con la levadura, el azúcar o sirope y el jengibre y lo incorporamos a la mezcla anterior.

Mezclamos bien, hasta obtener una masa homogénea y después reservamos en la nevera.

Pelamos y cortamos los kiwis en láminas, a lo largo.

Echamos un chorrito de aceite a una sartén antiadherente y calentamos a fuego medio.

Cuando la sartén esté caliente, disponemos una pequeña cantidad de masa (equivalente a una cucharada) y colocamos las láminas de kiwi en el centro.

Cocemos entre 1 y 2 minutos de cada lado y disponemos las tortitas en un plato.

Servimos las tortitas tibias o frías.

PREPARACIÓN

COCCIÓN

10 min

15 min

EL SIROPE DE AGAVE
Otra forma de endulzar nuestros postres

El sirope de agave es incluso más dulce que el propio azúcar
y además nuestro organismo lo absorbe más lentamente.
Así pues, necesitaremos menos cantidad para conseguir el mismo
sabor y nos ahorraremos unas cuantas calorías. Tiene un sabor
neutro y es resistente a la cocción, por lo que podemos usarlo
en pasteles, cremas, tartas o incluso para endulzar
los yogures. El sirope de agave sigue siendo un azúcar,
así que debemos consumirlo con moderación.

Es
INVIERNO

¿Por qué una dieta

DÉTOX EN INVIERNO?

EL INVIERNO ES LA ESTACIÓN QUE MENOS NOS GUSTA. LOS DÍAS SON CORTOS, HACE FRÍO Y NADIE SE LIBRA DE UN RESFRIADO.

Pero el invierno, al igual que el resto de estaciones, también tiene cosas buenas. No debemos olvidar que en invierno celebramos fiestas navideñas y el inicio de un nuevo año, ocasiones en las que las familias y los amigos se reúnen alrededor de una mesa. Así pues, lo ideal sería relajarse un poco y aprovechar esos momentos de ocio familiar. El invierno es una temporada que invita a quedarse en casa, calentito y cómodo.

Después de las fiestas navideñas, llega el momento de los propósitos de Año Nuevo. Hemos pasado tardes inolvidables alrededor de la mesa, con la nariz metida en un buen tazón de chocolate, o con un buen roscón de reyes en el plato. Hemos disfrutado de comidas y cenas deliciosas y, en general, más copiosas de lo habitual. ¡Ha llegado el momento de empezar una dieta détox!

El programa que proponemos tiene como objetivo eliminar toxinas a través de una alimentación baja en calorías. Después de Año Nuevo, o después de Reyes, es el momento ideal para establecer ciertas bases. Tu organismo enseguida notará los beneficios de una alimentación sana y equilibrada. Al eliminar todo lo que has almacenado, recuperarás la energía y vitalidad necesarias para empezar el año con buen pie.

Podemos aprovechar los días fríos de invierno para salir a dar un paseo a ritmo rápido. Si vamos a paso ligero, quemaremos más grasa y activaremos el organismo. El frío permite quemar más calorías, así que no tenemos excusa para perder esos kilos de más. Recordemos que también debemos descansar y dormir las horas necesarias. Después de las fiestas, necesitamos recuperar la energía.

Détox invierno

Este plan alimentario détox incluye alimentos ricos en vitaminas y con virtudes digestivas, ya que el objetivo es aliviar el sistema digestivo, que durante las fiestas navideñas ha tenido que trabajar más de lo normal.

Utilizaremos sobre todo frutas y verduras de temporada y especias para así limpiar nuestros órganos en profundidad.

LOS ALIMENTOS DÉTOX

FRUTAS	PROPIEDADES
MANDARINA – KIWI – NARANJA – POMELO – MANZANA	Ricos en vitamina C y antioxidantes, para recuperar toda la energía, y en fibras para facilitar el tránsito intestinal.
PLÁTANO – PERA	Ricos en fibras suaves que ayudan a limpiar el sistema digestivo.

VERDURAS	PROPIEDADES
COLIFLOR – CEBOLLA – PUERRO	Ricos en potasio, para un efecto diurético.
BRÓCOLI – NABO	Muy ricos en vitaminas y minerales.
CHUCRUT	Facilita la digestión y regenera la flora intestinal.
CANÓNIGOS	Ricos en clorofila, para purificar el organismo.
ZANAHORIA – CALABAZA	Ricas en antioxidantes y buenas para la piel y el envejecimiento.

PLAN ALIMENTARIO 3 DÍAS

BEBIDA DÉTOX A VOLUNTAD

(consumir en al menos 1 litro de agua al día):
Infusión de limón y jengibre **(pág. 100)**

COMIDAS	DÍA 1	DÍA 2	DÍA 3
	Ayuno de 30 minutos antes del desayuno: 1 vaso de agua tibia + 1 cucharadita de zumo de limón		
DESAYUNO	Una infusión détox Una infusión quemagrasas Un té verde sin azúcar	1 cítrico (1 naranja, ½ pomelo, 2 mandarinas o 2 kiwis)	3 cucharadas de copos de avena, calentados en un cazo con un poco de leche vegetal (leche de almendra, avellana, soja) y 1 cucharadita de miel 1 yogur natural (o de soja) mezclado con un plátano y 1 cucharadita de cacao natural
ALMUERZO	Ensalada de canónigos con salsa de soja, aceite de nueces y limón Arroz rojo con espinacas y naranja **(pág. 112)** Quinoa Batido de pera y leche de almendra	Puerros con vinagreta Calabaza marinada y asada con shiitakes **(pág. 108)** Macedonia de manzana y kiwi	Ensalada de chucrut crudo **(pág. 104)** Puré de zanahorias y huevo duro Crema ligera de naranja **(pág. 116)**
CENA	Sopa de nabos y puerros al curri **(pág. 102)** Calabaza al vapor y tofu ahumado con salsa de queso Macedonia de frutas de invierno asadas al horno **(pág. 114)**	Caldo de brócoli y coliflor con tomillo **(pág. 106)** Tortilla de perejil y cebolla Piña asada con canela **(pág. 118)**	Caldo de cebolla con tofu y 4 especias Curri de verduras de invierno con leche de coco **(pág. 110)** Mandarinas

SI NOS ENTRA EL GUSANILLO

Una infusión détox o quemagrasas o un té verde sin azúcar
Un cítrico o un yogur natural de soja

UNA INFUSIÓN 100% DÉTOX PARA DESPUÉS DE LAS COMIDAS
Y ENTRE LAS COMIDAS, UN TENTEMPIÉ REVITALIZANTE

Infusión
de limón, jengibre y miel

INGREDIENTES

PARA 1 TAZA DE INFUSIÓN

1 taza de agua
1 cucharadita de zumo de limón o 1 limón ecológico
½ cucharadita de jengibre rallado · 1 cucharadita de miel

PASO A PASO

En un cazo, o en una tetera, llevamos el agua a ebullición.

En una taza, echamos el zumo de limón o una rodaja y el jengibre rallado.

Añadimos el agua y dejamos infusionar durante 5 minutos.

Colamos la infusión, diluimos la miel y la servimos.

PREPARACIÓN   REPOSO

15 min   5 min.

LA INFUSIÓN...
¡No solo está reservada a las abuelas!

Las infusiones son perfectas para rehidratar y calentar el organismo. Además, tienen muchas virtudes terapéuticas, gracias a los beneficios de las plantas que contienen. Debemos elegirlas en función de sus virtudes y consumirlas de forma regular para aprovechar todos sus beneficios. Si no nos gusta el sabor a planta, podemos elegir infusiones aromatizadas. También podemos disfrazar un poco el sabor añadiendo zumo de limón. Son perfectas para después de las comidas, pero también como tentempié, para hacer una pausa. Si elegimos infusiones de frutas, no tendremos tantas ganas de picar algo dulce a todas horas. Podemos utilizar plantas frescas para elaborar nuestras infusiones, ya que serán más eficaces y tendrán más sabor que las plantas secas.

UNA SOPA CLÁSICA CON UN TOQUE ESPECIADO,
UN REGALO PARA LAS PAPILAS

Sopa de nabos
y puerros al curri

INGREDIENTES

PARA 4 PERS.

1 puerro entero • 3 nabos • 2 patatas
1 pastilla de caldo de verduras • 1 cebolla • 800 ml de agua
1 manojo de hierbas frescas (cebollino, perejil, coriandro)
1 cucharadita de curri

PASO A PASO

En una olla, hervimos los 800 ml de agua junto con la pastilla de caldo.

Durante ese tiempo, cortamos el puerro en juliana, pelamos las patatas y las cortamos a dados. Hacemos lo mismo con los nabos y, por último, cortamos la cebolla en juliana.

Cuando el agua esté hirviendo, añadimos todas las verduras. Tapamos y cocemos durante 20 minutos a fuego medio.

Apartamos del fuego y trituramos con un batidor o un robot de cocina, hasta que la textura quede bien fina.

Añadimos el curri y cocemos de nuevo a fuego bajo, durante 10 minutos. Durante ese tiempo, picamos las hierbas frescas y reservamos.

Servimos esta sopa bien caliente y la espolvoreamos con las hierbas frescas.

PREPARACIÓN   COCCIÓN

20 min   30 min

EL CURRI...
Perfecto para todas las salsas

De origen indio, el curri no es una especia en sí misma, sino una mezcla de cúrcuma, coriandro, comino, cardamomo, jengibre y varias pimientas juntas. La curcumina, que se encuentra en la cúrcuma, tiene propiedades antiinflamatorias, mientras que las otras especias facilitan la digestión. La piperina, que se halla en la pimienta, permite doblar las propiedades de la cúrcuma. Existen varias mezclas, de más suaves a más fuertes, con proporciones y mezclas distintas. Podemos utilizar el curri para realzar todo tipo de platos.

PARA DESCUBRIR OTRA FORMA DE CONSUMIR EL CHUCRUT,
EN UNA VERSIÓN MUCHO MÁS LIGERA QUE LA TRADICIONAL

Ensalada
de chucrut crudo

INGREDIENTES
PARA 4 PERS.

200 g de chucrut crudo • 4 puñados de canónigos
½ cebolla • 2 cucharadas de aceite de nuez • 2 cucharadas
de vinagre balsámico • 1 cucharadita de mostaza
½ cucharadita de comino en polvo • Unos granos de pimienta
Unas briznas de eneldo fresco o deshidratado

PASO A PASO

En un recipiente pequeño, elaboramos la salsa: mezclamos el aceite
de nuez junto con el vinagre balsámico, la mostaza y el comino.

Pelamos y picamos la media cebolla y la añadimos a la salsa anterior.
En cada plato, disponemos un puñadito de canónigos y después el chucrut crudo por encima.

Repartimos unos granos de pimienta y unas briznas de eneldo sobre
el chucrut. Echamos un chorrito de la vinagreta justo antes de servir.

PREPARACIÓN

10 min

EL CHUCRUT CRUDO...
Virtudes inesperadas

El chucrut crudo desinfecta el sistema digestivo y regenera la flora intestinal. Rico en vitamina C, nos protege de infecciones, mejora las defensas y lucha contra el cansancio. Es muy bajo en calorías y, sin embargo, contiene muchas vitaminas y minerales. Gracias a la fermentación láctica, el chucrut crudo contiene ácido láctico, que regenera las mucosas de los intestinos. Las fibras y bacterias probióticas que contiene regulan el tránsito y facilitan la eliminación de toxinas. También podemos consumir el chucrut de una forma más sana; lejos quedan aquellos platos de chucrut ricos en grasas y charcutería, mucho menos interesantes en el plano nutricional.

UN CALDO MUY APETECIBLE
PARA REHIDRATARSE Y DISFRUTAR

Caldo de brócoli
y coliflor con tomillo

INGREDIENTES
PARA 4 PERS.

300 g de brócoli • 300 g de coliflor
1 l de agua • 1 cebolla • 2 dientes de ajo • 2 cucharadas de aceite de oliva
2 cucharadas de zumo de limón • Unas ramitas de tomillo
½ cucharadita de jengibre rallado o en polvo • Pimienta, sal

PASO A PASO

Cortamos los ramilletes del brócoli y de la coliflor. Después, pelamos la cebolla y la cortamos en juliana. Picamos los dientes de ajo.

En una olla, salteamos el brócoli, la coliflor y la cebolla con un poquito de aceite de oliva durante 5 minutos.

Añadimos el agua, el ajo, el jengibre y el tomillo. Sazonamos con sal y pimienta y tapamos. Dejamos cocer unos 20 minutos a fuego medio.

Apartamos del fuego. Podemos consumir este caldo de inmediato o reservarlo y consumirlo después. En ese caso, el sabor será aún más intenso.

Si nos sobra caldo, podemos reutilizarlo para cocinar un risotto, por ejemplo.

PREPARACIÓN   COCCIÓN

20 min   30 min

EL CALDO...
Historia y modo de empleo

En su origen, el caldo se utilizaba para preparar la sopa de los pobres y se vertía sobre una rebanada de pan. Los ingredientes de un buen caldo varían según cada región del mundo. En la práctica, en cambio, es muy fácil de preparar. Hervimos el agua y añadimos las hortalizas, las legumbres, las especias y las hierbas aromáticas. No hay reglas y todo está permitido. El objetivo es dar el mayor sabor posible al líquido. Podemos recuperar las verduras y utilizar el caldo para cocer otros alimentos, por ejemplo, o servirlo como entrante, justo antes de comer. Si lo preparamos en casa, aprovecharemos los beneficios de todos los ingredientes, cosa que no podemos hacer con las pastillas de caldo de supermercado, que contienen grasas hidrogenadas, azúcar y muy pocas verduras.

¡No dudes en hacer tu propio caldo en casa y probarlo con tus recetas!

UN PLATO ENERGÉTICO PARA AFRONTAR
EL INVIERNO CON MUCHO SABOR

Calabaza marinada
y asada con shiitakes

INGREDIENTES

PARA 4 PERS.

500 g de calabaza • 14 shiitakes frescos • ½ calabacín
1 cebolla picada fina • 80 g de queso de Mahón • 4 cucharadas de salsa de soja
9 cucharadas de aceite de oliva • Nuez moscada • Perejil fresco • Sal

PASO A PASO

Aliñamos la calabaza, cortada a dados grandes, con la salsa de soja y cuatro cucharadas de aceite de oliva. Horneamos a unos 130 ºC durante media hora.

Mientras, rehogamos la cebolla con dos cucharadas de aceite a fuego lento durante al menos 20 minutos.

Cortamos los shiitakes y el calabacín a daditos y los sofreímos a fuego medio en una sartén con las tres cucharadas restantes de aceite y el perejil picado, 5 minutos.

Retiramos la calabaza del horno, la repartimos en los platos formando un rectángulo junto con la cebolla y condimentamos con una pizca de nuez moscada.

Coronamos con el queso, cortado en lonchas rectangulares, y horneamos un minuto para que funda mejor.

Al sacarlos, repartimos por encima la mezcla de shiitakes y calabacín. Decoramos con el perejil.

PREPARACIÓN

COCCIÓN

25 min

30 min

LA CALABAZA...
La estrella del invierno

La calabaza, en todas sus variedades, es un básico en la cocina de invierno. Contiene fibras, que estimulan el tránsito y eliminan las toxinas. Rica en vitamina A, la calabaza nos ayuda a lucir una piel más bonita y luminosa durante el invierno. También contiene potasio, que permite drenar las toxinas de nuestro organismo. Es deliciosa en crema, gratinados o simplemente salteada o cocida al vapor. ¡Un placer para el paladar y para el cuerpo!

• INVIERNO •

PLATO

VERDURAS CREMOSAS
PARA DISFRUTAR DEL INVIERNO

Curri de verduras de invierno
con leche de coco

INGREDIENTES
PARA 6 PERS.

½ coliflor • 4 zanahorias • 1 rodaja de calabaza
2 calabacines • 1 puerro • 2 cebollas • 200 ml de leche de coco
250 ml de agua • 2 cucharadas de aceite de oliva • 2 cucharadas de salsa de soja
2 cucharaditas de curri en polvo • Pimienta • Arroz basmati

PASO A PASO

Pelamos las zanahorias, las cebollas y la calabaza. Las cortamos en dados medianos.

Cortamos los ramilletes de la coliflor. Después cortamos el puerro en láminas y los calabacines en dados medianos.

En una olla, doramos la cebolla junto con el aceite de oliva.

Añadimos los demás ingredientes y la salsa de soja y salteamos durante 5 minutos, removiendo de vez en cuando.

Añadimos 250 ml de agua, la leche de coco, el curri y la pimienta. Removemos bien y tapamos. Dejamos que se cueza durante unos 15 minutos.

Servimos bien caliente, acompañado de arroz basmati.

Este plato se puede preparar el día antes, ya que aún está más rico recalentado.

PREPARACIÓN

COCCIÓN

15 min

25 min

LA LECHE DE COCO...
Una variante sana y original

Muy popular en la cocina asiática, la leche de coco es un ingrediente
muy interesante. Es rica en minerales y, además, no contiene lactosa,
por lo que es más digestiva que la leche de vaca. La leche de coco
es menos grasa que la nata entera y tiene grasas de mejor calidad
y sin colesterol. Se puede utilizar para sustituir la nata
en preparaciones saladas y la leche en preparaciones dulces,
siempre y cuando reduzcamos otras materias grasas.
Tiene un gusto exótico y muy delicado que realzará todas
tus recetas. Pero cuidado con confundirla con la crema
o nata de coco, que es mucho más rica en grasas
y, por lo tanto, deberemos utilizar en cantidades
menores.

UNA RECETA EQUILIBRADA CON LAS
INCREÍBLES PROPIEDADES DEL ARROZ ROJO

Arroz rojo
con espinacas y naranja

INGREDIENTES

PARA 4 PERS.

200 g de arroz rojo • 150 g de espinacas tipo baby • 2 naranjas
100 g de tofu marinado • 40 g de almendras picadas • 2 cucharadas de aceite de oliva • Sal
Para el aliño: 3 cucharadas de aceite de oliva • 1 cucharada de vinagre balsámico • Sal y pimienta

PASO A PASO

Ponemos el arroz en abundante agua fría con un poco de sal y un chorrito de aceite. Cuando hierva, bajamos la llama y dejamos cocer unos 40 minutos a fuego medio. Cuando esté cocido, lo escurrimos y lo dejamos enfriar.

Retiramos los tallos de las espinacas, las lavamos y las secamos cuidadosamente con papel de cocina.

Pelamos las naranjas retirándoles la piel blanca y las troceamos en octavos.

Podemos montar la ensalada con el arroz como base y disponer encima las naranjas y las espinacas, o bien podemos crear un lecho de naranjas y hojas con el arroz encima.

Escurrimos el tofu marinado, lo desmenuzamos con los dedos y lo repartimos por encima. Espolvoreamos con las almendras.

Aliñamos justo antes de servir.

PREPARACIÓN   COCCIÓN

20 min   50 min

LAS NARANJAS...
El sabor de la salud

En la mesa invernal es una suerte poder contar con los cítricos, muy ricos en vitamina C. A la capacidad de esta vitamina para reforzar las defensas se suma el poder preventivo de otros antioxidantes –flavonoides y terpenos– que protegen las arterias y reducen el riesgo de sufrir ciertos tipos de cáncer. Una naranja basta para obtener toda la vitamina C que se precisa al día. También aporta vitamina B1 y ácido fólico. La fibra y los antioxidantes se concentran en la piel que recubre los gajos, que se pierde al hacer el zumo.

UN POSTRE COLORIDO, DELICIOSO
Y MUY LIGERO

Macedonia de frutas de invierno
asadas al horno

INGREDIENTES

PARA 4 PERS.

1 pomelo • 3 manzanas • 3 peras
1 cucharadita de miel líquida • Unas briznas de tomillo

PASO A PASO

Precalentamos el horno a 200 °C.
Pelamos las manzanas y las peras, retiramos el corazón
y las pepitas y las cortamos en cuartos.

Pelamos los gajos del pomelo.

Extendemos todas las frutas sobre una bandeja para horno.

Repartimos la miel y las hojas de tomillo por encima.

Horneamos durante 15 minutos a 200 °C.

Servimos la macedonia caliente, tibia o fría. ¡Para gustos, los colores!

PREPARACIÓN   COCCIÓN

10 min   15 min

EL POMELO...
El rey de la dieta détox

El pomelo, además de ser rico en vitaminas, permite eliminar las
toxinas de nuestro organismo y estimula el tránsito y las secreciones
digestivas. Bajo en calorías y azúcares, también ayuda a regular
el colesterol y la diabetes. Es muy importante consumir pomelo
en invierno por sus propiedades antiinfecciosas. Pero cuidado
con mezclarlo con ciertos medicamentos, ya que su acción
es tan fuerte en el hígado que puede alterar los tratamientos.

UNA CREMA MUY LIGERA
Y UNTUOSA PARA CADA DÍA

Crema ligera
de naranja

INGREDIENTES PARA 4 PERS.

4 naranjas ecológicas
400 ml de leche de almendra o de soja · 2 huevos
2 cucharadas de harina de arroz · 1 cucharada de sirope de agave

PASO A PASO

Pelamos las cuatro naranjas y exprimimos el zumo. En un cazo, llevamos la leche y el zumo de naranja a ebullición.

Durante ese tiempo, mezclamos con unas varillas la harina de arroz, los huevos, que previamente habremos batido, y el sirope de agave en un bol.

Añadimos un poco del líquido del cazo y mezclamos bien.

Apartamos del fuego, y vertemos el contenido del bol en el cazo. Removemos con las varillas.

Después volvemos a poner en el fuego y calentamos a fuego bajo, hasta que la crema se espese. Removemos sin parar para evitar que se formen grumos.

Apartamos la crema del fuego y esperamos a que se enfríe un poco. Después la repartimos en los vasitos y añadimos un poco de piel de naranja.

Reservamos en la nevera durante 1 hora como mínimo antes de servir.

PREPARACIÓN

REPOSO

20 min

2 h

LA HARINA DE ARROZ...
Una alternativa ligera

La harina de arroz es muy digestiva, por lo que permite que el sistema digestivo descanse. Rica en vitaminas, con un sabor neutro y sin gluten, es perfecta para todo el mundo. Esta harina se utiliza como la de trigo y podemos incluirla sola o mezclada en nuestras recetas de bizcochos, flanes o tortitas. Tiene una textura muy fina, por lo que es perfecta para espesar cremas y salsas. La podemos encontrar en grandes superficies o en tiendas ecológicas.

UN POSTRE EXPRÉS
PARA UNA DÉTOX EXÓTICA

Piña
asada con canela

INGREDIENTES

PARA 4 PERS.

1 piña • ½ cucharadita de canela en polvo
4 cucharaditas de sirope de agave (o azúcar moreno)

PASO A PASO

Precalentamos el horno a 200 °C.
Cortamos la piña en cuartos, a lo largo.

Retiramos la piel de los cuartos de piña y la reservamos.
Cortamos los cuartos en rodajas.

Disponemos los cuartos de piña en una bandeja para horno, con la piel debajo.

Mezclamos la canela y el sirope de agave o el azúcar y lo repartimos
por encima de la piña, con la ayuda de un pincel o de una cucharilla.

Horneamos durante 12 minutos.

Servimos bien caliente.

PREPARACIÓN   COCCIÓN

8 min   12 min

LA CANELA...
Poderes extraordinarios

La canela, que se extrae de la corteza del canelero, tiene muchísimas virtudes. Más de la mitad de su composición son fibras buenas para el tránsito, pero además mejoran la digestión y estimulan las glándulas salivares y las secreciones gástricas. La canela posee antioxidantes muy importantes que luchan contra el envejecimiento celular y tienen una acción antibacteriana muy importante. Así pues, se aconseja consumir canela de forma regular en invierno para prevenir o combatir las infecciones. Su aroma es muy característico y realzará tus recetas saladas y dulces. La canela combina perfectamente con los postres azucarados, frutas y chocolate.

ÍNDICE

NOTA IMPORTANTE: en ocasiones las opiniones sostenidas en
«Los libros de Integral» pueden diferir de las de la medicina oficialmente
aceptada. La intención es facilitar información y presentar alternativas,
hoy disponibles, que ayuden al lector a valorar y decidir responsablemente
sobre su propia salud, y, en caso de enfermedad, a establecer un diálogo
con su médico o especialista. Este libro no pretende, en ningún caso,
ser un sustituto de la consulta médica personal.

Aunque se considera que los consejos e informaciones son exactos
y ciertos en el momento de su publicación, ni los autores ni el editor
pueden aceptar ninguna responsabilidad legal por cualquier error
u omisión que se haya podido producir.

Título original: *Mon programme détox*

CRÉDITOS DE LAS FOTOGRAFÍAS
© Fotolia/Anna Kucherova: p. 20; /Jiri Hera: p. 46; /Sasajo: p. 72; /Kwangmoo: p. 98.
© Photocuisine/Balme (p. 68-69); /Barret (p. 6, 23, 75); /Bilic (p. 55, 120-121);
/Bonnier (p. 81); /Carnet (p. 89, 94-95); /Charles (p. 53); /Chivoret (p. 16-17);
/Cultura Creative (p. 42-43); /Goumard (p. 27); /Hallet (p. 63, 87);
/Langot (p. 13, 14, 15); /Lawton (p. 59, 101, 111); /Mallet (p. 109); /Paquin (p. 65);
/Perrin (p. 41, 105); /Radvaner (p. 29); /Riou (p. 77); /Stockfood.fr (p. 39);
/Studio (p. 31, 37, 57, 59, 67, 83, 107, 117); /Studio Kuchnia (p. 51, 93, 113);
/Sudres (p. 8-9); /Thys-Supperdelux (p. 25, 33, 35, 49, 85, 91, 103, 115, 119); /Viel (p. 61).
© Archivo RBA Revistas (p. 31, 57, 59, 83, 87 ,109, 113)

© 2016, Marie Claire - Société d'Information et de Création - SIC
10, bd des Frères-Voisin 92792 Issy-les-Moulineaux CEDEX 9 - France
© del texto: Lucie Reynier, 2016
© de las ilustraciones y elementos gráficos: Freepik, Sylvain Kaslin, Damien Payet
© de la traducción: María Ángulo, 2017
© de esta edición: RBA Libros S.A., 2018
Avda. Diagonal, 189 - 08018 Barcelona
rbalibros.com

Primera edición: enero de 2018

RBA INTEGRAL
REF: RPRA428
ISBN: 978-84-9118-130-9
DEPÓSITO LEGAL: B. 28.483-2017

Preimpresión: AuraDigit

El papel utilizado para la impresión de este libro es cien por cien
libre de cloro y está calificado como papel ecológico.

Impreso en España - *Printed in Spain*